Apóstol Samuel Cameroun

¡Hay un Espíritu!

Apóstol Samuel Cameroun

¡Hay un Espíritu!

Efesios 4 : 4 - 6

CREDO EDICIONES

Imprint

Cover image: www.ingimage.com

Publisher:
CREDO EDICIONES
is a trademark of
International Book Market Service Ltd., member of OmniScriptum Publishing Group
17 Meldrum Street, Beau Bassin 71504, Mauritius
Printed at: see last page
ISBN: 978-613-4-88564-5

Decimosexto Estudio Bíblico/ 27

¡HAY UN ESPÍRITU!

Efesios 4: 4-6

¡Para USTED!

Este estudio bíblico, ***"¡ Hay un solo Espíritu! "*** Parte de un subconjunto de la colección de una serie de siete mensajes doctrinales fundamentales inseparables; tomado de *Efesios 4: 4-6,* y que se une a *Proverbios 9 : 1,* afirmando que "*La sabiduría edificó su casa; Labró sus siete columnas.* " Las siete columnas, que constituyen los siete pilares de las escrituras doctrinales para la Iglesia de los cristianos, ¡nadie puede pertenecer así a Cristo sin aceptar estos siete pilares como soporte de la verdad de Dios!

Les recordamos que la totalidad de esta colección actual se titula ***"¡Que el que lee preste atención!***

Además, otra **" ¡Buenas noticias! ".** Esta colección consta de otros 20 estudios bíblicos, que la complementan. ¡Todos estos estudios bíblicos han sido diseñados para su crecimiento y edificación espiritual!

La paz de Dios en el interior, el gozo de Cristo en el exterior...

PRÓLOGO SOBRE...

Colección de la serie cristiana :
'' ¡ AQUEL QUE HAY QUE HACER ADVERTENCIA! ''
(Mateo 24:15)

Durante nuestro caminar espiritual, nos acercaremos a los fundamentos de la sana doctrina cristiana que es el pilar y el soporte de la verdad. Según el apóstol Pablo animando a su fiel compañero en *1 Timoteo 3 : 14-15,* le escribió: " *Te escribo estas cosas, con la esperanza de volver pronto a ti, pero para que sepas, si me demoro, cómo debemos comportarnos en la casa de Dios, que es la Iglesia del Dios vivo, columna y sostén de la verdad* ". Siguiendo al apóstol Pablo, los estudios de esta serie, a lo largo, unirán los temas de la doctrina bíblica con los de la profecía, porque Jesucristo, exhortando fraternalmente a la Iglesia que es `` Miembro de su Cuerpo, está siempre presente junto a su familia. Para ello, las enseñanzas de la presente colección se basarán principalmente en los libros conjuntos de *Apocalipsis* (*Apocalipsis*), yuxtapuestos con el de *Daniel,* para confirmar esta buena nueva del mensaje del evangelio. Ya que, al final de los siglos, la doctrina evangélica, los diez mandamientos de Moisés y la profecía fueron preciosamente recomendados a los cristianos auténticos, para que les sirvieran de brújula en las tinieblas de las tinieblas del mal. Esto se debe al espíritu de desconcierto que llevó a la apostasía doctrinaria, ahora muy popular, entre todas aquellas comunidades de cristianos que afirman que la Biblia llama " *Babilonia la Grande, ¡la Madre de lo Prohibido!* " " *Apocalipsis 17 : 5.*

Además, debemos buscar a Dios con todas nuestras fuerzas, ¡nosotros que somos la generación al final de la historia de este mundo destinada a su inminente y eterna ruina! Es solo Jesús, quien ha determinado las condiciones de su salvación para cualquiera que sinceramente quiera escapar saliendo de este mundo impío. Porque él declara solemnemente : " *nadie puede venir a él si el Padre no lo atrae...* " Sin embargo, una vez que viene al Señor, sepamos también que Jesús agrega: " *nadie puede venir a Dios sin pasar por él (Jesús))* ". Finalmente, ¿cuál es el objetivo de nuestro caminar cristiano? ¿Y qué es la Iglesia de Cristo? ¿Puede ser una organización denominacional? - ¿Las Asambleas Cristianas tienen que depender de alguna agencia gubernamental para probar que son la Iglesia de Cristo?

Mientras los verdaderos cristianos se preparan para afrontar la peor persecución de la historia santa, por el " ***666*** " que pronto condicionará a todo hombre, - ¿Deberían nuestras finanzas, como los diezmos, comprometerse para ganarnos el cielo? - ¿Está Cristo todavía presente en estas denominaciones llamadas Iglesias? - ¿Quién debería ser la cabeza de la Iglesia de Cristo? - ¿Cómo se están construyendo actualmente las comunidades cristianas bajo el único Pastor, Jesucristo? - ¿Tiene la Iglesia de Cristo líderes visibles? - ¿Puede esta Iglesia de Cristo mantener la corrupción? ¿Puede comprometer tan poco nuestra salvación por algunas doctrinas no bíblicas? ¿Qué iglesia de hecho hoy está perfectamente de acuerdo con la santa voluntad de Cristo revelada en la Biblia?

Para todas estas preguntas y tantas otras que sin duda olvidamos, la colección `` ***El que lee, preste atención*** ", ofrece exclusivamente respuestas bíblicas sencillas y bastante completas según cada tema abordado. Las respuestas a estas preguntas planteadas anteriormente, digámoslo, sólo se darán a corazones humildes, por eso esta serie cristiana ***"Tenga cuidado el que lee",*** es una serie de mensajes vivos. Han sido diseñados teniendo en cuenta las necesidades espirituales de nuestra generación, especialmente las profecías que la Biblia, a través de la revelación y enseñanza doctrinal de Cristo, los apóstoles y profetas de la antigüedad, nos invita a escudriñar día y noche sin descanso. la oración, su cumplimiento, para darnos la fuerza de comparecer ante el Hijo de Dios en el último día. Aquí está la promesa de Cristo a su Iglesia: " *Al que venciere y guarde mis obras hasta el fin, yo le daré autoridad sobre las naciones". » Apocalipsis 2:26*

NB: A menos que se indique lo contrario, las referencias bíblicas citadas en los estudios están tomadas de la versión de las Sagradas Escrituras (Louis Second). Y para cada tema, puede consultar el resumen en las páginas **37** y **38.** Por la indicación ordinal (pregunta-respuesta), cualquier reacción en particular, podría provocar un apoyo bíblico y/ o comunitario personalizado, por pequeño que sea, ya sea que se manifieste en nuestro sitio web, por llamada telefónica de WhatsApp o en nuestra dirección de correo electrónico marcada en la parte inferior de cada página.

De este modo, la Iglesia les presenta una serie de *" 27 estudios bíblicos "*, complementando la mayor cantidad de mensajes de video y audio en una versión electrónica que se puede descargar del sitio web *www Christians-Église.org*. ¡Todo esto por igual número de folletos, para ser ofrecidos progresivamente, como el Señor Yahvé Dios provee con misericordia y gracia en Jesucristo!

Toda esta colección se ofrece de forma gratuita, con el fin de respetar el espíritu de Cristo que nos recomendó donarla, ya que la recibimos de forma gratuita :

¡ENTONCES NO ES PARA NADIE VENDER ESTA PALABRA DE DIOS!

METRO

Pero primero, lo invitamos a recibir la carta del autor escrita para sus lectores. Esta carta podría servir como hoja de ruta y guía educativa. Sin embargo, nunca es cristiano creer que nuestro Señor actuará de manera idéntica en todos los casos, durante tu crecimiento espiritual o durante el ministerio pastoral de evangelización a través de ti. Es por ello que, una vez más, los invitamos a permanecer atentos a su voz espiritual, a través del canal infalible que representa para cualquiera, la lectura asidua de su palabra, la Biblia.

CARTA DE ANIMO DEL AUTOR, PARA USTED!

Hermanos y hermanas, que la paz de Dios, que sobrepasa todo entendimiento, guarde sus pensamientos en Jesucristo. ".

Acoger, tomando con la Iglesia, el pequeño camino angosto que conduce a la eternidad, y del que sólo el Hijo de Dios es Guía y Soberano Pastor...

En primer lugar, le aconsejaremos durante su estudio bíblico que sea crítico con el significado de las doctrinas que abordarán estas santas cartas. En esto, seguirás las recomendaciones de los Apóstoles según Hechos 17:11. " Estos judíos tenían sentimientos más nobles que los de Salónica; recibieron la palabra con gran entusiasmo y examinaron las Escrituras todos los días para ver si lo que se les decía era correcto. "

A medida que crece como cristiano, lea su Biblia con regularidad. Escuche al Espíritu Santo. Comparta esta riqueza con otros. Sea generoso, especialmente con los que le rodean. Sepa cómo fomentar las iniciativas de estudios comunitarios. Pon a prueba a quienes con espíritu de vana crítica te acusarán de sectario. Lucha sin dejarte distraer por los enemigos de tu alma. Simplifique su vida cristiana. Ayude a los pobres de su vecindario, comenzando por los miembros de su familia. Participe en campañas de evangelización pública. ¡Explota todos los nichos de la comunicación y difunde las buenas nuevas como sembradores de vida!

No ignore a nadie en sus oraciones. Invoca el favor de Yahvé Dios a los que te escuchan, pero también a los que te resistirán. "No tengas enemigos…, vive en paz con todos… y mantente en perfecta armonía… ", con toda la Iglesia de Cristo local en el país, ciudad o distrito de tu residencia.

Hermanos y hermanas, " huid del pecado " y " sed santos " porque " nuestro Dios es Santo. " Y en agradecimiento a Dios por haberte salvado y enviado ", cántale constantemente y cánticos espirituales bajo la inspiración de su Espíritu. "

Como habéis " recibido gratis ", ¡no rompas esta cadena de solidaridad! Con los nuevos discípulos, comience presentando el evangelio, luego analice los temas doctrinales según su audiencia y sus necesidades espirituales. Podrás elegir los temas que más te convengan, obedeciendo la voz del Espíritu Santo. Y como el " eunuco etíope " debes saber que Cristo se les unirá en el camino cuando te tomes la molestia de enseñárselo, especialmente a los jóvenes. Entréguense a sus Hermanos Cristianos " como ofrenda a Dios ", porque " la mies es mucha pero los obreros pocos. " También, recuerde la promesa de Cristo en la parábola de los " obreros de la última hora "

Así " nuestro gozo será perfecto " al saber que van camino a la patria celestial, siendo hijos de Dios y siervos de Cristo, si han aprendido que " no hay mayor amor que dar la vida por aquellos a quienes amamos. amor ". Así como " hay más gozo en dar que en recibir "

Por último, alégrate, esperando a nuestro Salvador Jesús, que " no olvidará tu participación en la propagación del evangelio y el mensaje de la verdad ". No temas sino a Dios mismo. Y luego, muy rápidamente cuéntanos sobre tu testimonio : dones que el Espíritu Santo te habrá otorgado, con miras a perfeccionar el cuerpo de Cristo. " ¡ Sean bendecidos en todos los sentidos! "

Entonces, " ***AMADOS*** *", reciban estos estudios bíblicos como un regalo del Señor Jesús, transmitidos por el ministerio de evangelización de su Iglesia en Camerún, por su devoto servidor y modesto hermano de África, que desea recordarles que Yahwéh Dieu, a través de su Hijo Jesucristo, te ama con Amor Eterno. Cree también en nuestro devoto afecto fraterno, por el anticipo del Espíritu Santo. Amén.*

NB: *Al final del estudio bíblico, en la (* **página 40** *) de este título, encontrará los diferentes temas propuestos en la colección de estudios bíblicos* ***"Tenga cuidado el que lee".*** *Recordamos a los lectores que esta serie de estudios bíblicos cristianos está disponible sin cargo para su edificación en www.chrétiens-Église.org*

SAMUEL CAMERUN, Apóstol del SEÑOR JESUCRISTO.
camerounsamuel@gmail.com *Tel* **+ 237 690600469 o + 237 679647767**

1 Samuel 28 : 6 -

Saul consultó al Señor; y Jehová no le respondió, ni por sueños, ni por Urim, ni por profetas. Y Saúl dijo a sus siervos: Buscadme una mujer que hable de los muertos, y yo iré a consultarla. Sus siervos le dijeron: He aquí, en En Dor hay una mujer que habla de los muertos. Entonces Saúl se disfrazó y tomó otras ropas, y se fue... Llegaron a la mujer de noche. Saúl le dijo: Predígeme el futuro, llamándome muerto, y tráeme a quien yo te diga. La mujer le respondió: He aquí, tú sabes lo que hizo Saúl, cómo cortó de la tierra a los que hablan de muertos y a los que predicen el futuro; ¿Por qué estás poniendo una trampa a mi vida para matarme? Saúl le juró por el Señor, diciendo: ¡El Señor vive! No te pasará nada por eso. La mujer dijo: ¿A quién quieres que te críe? Y él dijo: Hazme subir a Samuel. Cuando la mujer vio a Samuel, lanzó un gran clamor y dijo a Saúl: ¿Por qué me has engañado? ¡Eres Saulo! El rey le dijo: No temas; pero que ves La mujer le dijo a Saúl: Veo un dios que sube de la tierra. (…) Es un anciano que sube… Saúl entendió que *era Samuel, y (…) Samuel le dijo a Saúl: ¿Por qué me molestas al criarme? Saúl respondió: Estoy muy angustiado; los filisteos me hacen la guerra, y Dios se ha apartado de mí; no me respondió ni por profetas ni por sueños. Y te llamé para decirme qué hacer. Samuel dijo: `` ¿Por qué, pues, me consultas, viendo que el Señor se apartó de ti y se convirtió en tu enemigo? El Señor te trata como te dije de él; el SEÑOR ha arrancado el reino de tu mano y lo ha dado a otro, a David. No has obedecido la voz del Señor, ni has hecho sentir a Amalec el ardor de su ira (…) Y aun el Señor entregará a Israel contigo en manos de los filisteos. Mañana, tú y tus hijos estaréis conmigo, y el Señor entregará el campamento de Israel en manos de los filisteos. Al instante Saúl cayó al suelo con toda su estatura, y las palabras de Samuel lo llenaron de pavor; además, le faltaron fuerzas... La mujer se acercó a Saúl y, al verlo muy asustado, le dijo: He aquí, tu criada ha oído tu voz; Expuní mi vida, obedeciendo las palabras que me dijiste.* "

INTRODUCCIÓN

1 Corintios 12 : 3 - 31 " Por eso os digo que nadie, si habla por el Espíritu de Dios, dice: ¡Jesús es anatema! Y que nadie puede decir: ¡Jesús es el Señor! Si no es por el Espíritu Santo. Hay varios dones, pero el mismo Espíritu; diversidad de ministerios, pero el mismo Señor; diversidad de operaciones, pero el mismo Dios que opera todos en todos. Ahora bien, a cada uno se le da la manifestación del Espíritu para beneficio común. De hecho, a uno le es dada por el Espíritu una palabra de sabiduría; a otro, una palabra de conocimiento, según el mismo Espíritu; a otra fe, por el mismo Espíritu; a otro, el don de curaciones, por el mismo Espíritu; para otro, el don de obrar milagros; a otro, profecía; a otro, el discernimiento de espíritus; a otro, la diversidad de idiomas; a otro, la interpretación de lenguas. Todas estas cosas las obra un solo y mismo Espíritu, distribuyéndolas a cada uno en particular según su voluntad. Porque así como el cuerpo es uno y tiene muchos miembros, y como todos los miembros del cuerpo, a pesar de su número, son un solo cuerpo, así es Cristo. Todos hemos sido bautizados en un solo Espíritu en un cuerpo, ya sean judíos o griegos o esclavos o libres, y todos hemos sido regados con un solo Espíritu. Entonces, el cuerpo no es un solo miembro, sino que está formado por varios miembros. Si el pie dijera: Porque no soy una mano, no soy del cuerpo, ¿no sería del cuerpo para eso? Y si el oído dijera: Porque no soy ojo, no soy del cuerpo, ¿no sería del cuerpo por eso? Si todo el cuerpo fuera ojo, ¿dónde estaría el oído? Si todo estuviera oyendo, ¿dónde estaría el olor? Ahora Dios ha colocado a cada miembro en el cuerpo como ha querido. Si todos fueran un solo miembro, ¿dónde estaría el cuerpo? Ahora, por tanto, hay muchos miembros y un solo cuerpo. El ojo no puede decirle a la mano: no te necesito; ni de la cabeza a los pies decir: no te necesito. Más bien, se necesitan los miembros del cuerpo que parecen ser más débiles; ya los que consideramos los menos honorables del cuerpo, los rodeamos de mayor honor. Entonces, nuestros miembros menos honestos reciben el mayor honor, mientras que aquellos que son honestos no lo necesitan. Dios dispuso el cuerpo de tal manera que se diera más honor a lo que faltaba, para que no hubiera división en el cuerpo, sino que los miembros también se cuidaran unos a otros. Y si un miembro sufre, todos los miembros sufren con él; si un miembro es honrado, todos los miembros se regocijan con él. Ustedes son el cuerpo de Cristo y sus miembros, cada uno por su parte. Y Dios estableció en la Iglesia primero apóstoles, segundo profetas, tercero maestros, luego a los que tienen el don de milagros, luego a los que tienen los dones para sanar, ayudar, gobernar, hablar varios idiomas. ¿Todos son apóstoles? ¿Son todos profetas? ¿Todos son doctores? ¿Todos tienen el don de los milagros? ¿Todos tienen el don de las curaciones? ¿Hablan todos en lenguas? ¿Todos interpretan? Esfuércese por los mejores regalos. Y todavía te mostraré un camino por excelencia. "

1. ¿PERMITIO DIOS QUE SU PUEBLO CONSULTARA A LOS VIDENTES?

ISA 8:19

" Si se te dice: Consulta con los que evocan a los muertos y los que predicen el futuro, Quienes sisean y suspiran, Responde: ¿No consultará un pueblo a su Dios? ¿Se dirigirá a los muertos por los vivos? "

Nota:

2. ¿Cómo piden ser empleados los espíritus malignos? *1 Reyes 22 : 19-23*

" Y Micaías dijo: Oíd, pues, la palabra del SEÑOR. Vi al SEÑOR sentado en su trono, y a todo el ejército de los cielos junto a él, a su derecha y a su izquierda. Y el SEÑOR dijo: ¿Quién inducirá a Acab para que suba y perezca en Ramot de Galaad? Respondieron uno de una manera, el otro de otra. Y vino un espíritu y se puso delante del SEÑOR y dijo: Lo engañaré. El SEÑOR le dijo: ¿Cómo? Saldré, respondió, y seré espíritu de mentira en la boca de todos sus profetas. Jehová dijo: Lo engañarás y lo

vencerás; ¡Sal y hazlo! Y ahora, he aquí, el Señor ha puesto espíritu de mentira en la boca de todos tus profetas que están allí. Y el Señor ha hablado mal de ti. "

Nota:

3. ¿Son los milagros la prueba formal de que Dios existe? sigue siendo el autor?

2 *Tesalonicenses 2 : 9-12*

" La aparición de este inicuo será, por el poder de Satanás, con toda clase de milagros, señales y prodigios mentirosos, y con todos los engaños de la iniquidad para los que perecen porque no han recibido el amor de la verdad para ser salvado. También Dios les envía un poder de engaño, para que crean en una mentira, para que todos los que no creyeron en la verdad, pero que se complacieron en la injusticia, sean condenados. "

Nota:

4. ¿Qué hicieron los magos de Faraón después de Moisés?

2 *Timoteo 3 : 6-9*

« Il en est parmi eux qui s'introduisent dans les maisons, et qui captivent des femmes d'un esprit faible et borné, chargées de péchés, agitées par des passions de toute espèce, apprenant toujours et ne pouvant jamais arriver à la connaissance de la verdad. Así como Jannes y Jambres se opusieron a Moisés, estos hombres se oponen a la verdad, corrompidos en el entendimiento, reprobados en lo que concierne a la fe. Pero no progresarán más; porque su necedad será manifiesta a todos, como la de estos dos hombres. "

Nota:

5. ¿Qué dice la Biblia sobre el origen de los milagros de quienes los obran en estos últimos días? *1 Timoteo 4 : 1-7*

" Pero el Espíritu dice expresamente que en los últimos días algunos abandonarán la fe, para aferrarse a los espíritus engañosos y a las doctrinas de los demonios, por la hipocresía de los falsos maestros que llevan la marca de marchitarse en su propia conciencia, prescribiendo no casarse, y abstenerse de los alimentos que Dios creó para ser tomados con acción de gracias por los fieles y que han conocido

la verdad. Porque todo lo que Dios ha creado es bueno, y nada debe ser rechazado, siempre que se tome con acción de gracias, porque todo es santificado por la palabra de Dios y por la oración. Al exponer estas cosas a los hermanos, serás un buen ministro de Jesucristo, nutrido por las palabras de fe y buena doctrina que has seguido exactamente. Rechaza los cuentos profanos y absurdos. "Apocalipsis 16 : 13-16" Y vi salir de la boca del dragón, y de la boca de la bestia, y de la boca del falso profeta, tres espíritus inmundos, como ranas. Porque son espíritus de demonios, que hacen maravillas y que van a los reyes de toda la tierra para reunirlos para la batalla del gran día del Dios Todopoderoso. He aquí, vengo como un ladrón. Bienaventurado el que vela y se pone la ropa, para que no ande desnudo y la gente vea su vergüenza. - Los reunieron en el lugar llamado en hebreo Armagedón. "Apocalipsis 18 : 1 - 11" Después de esto vi a otro ángel que descendía del cielo, que tenía gran autoridad; y la tierra se iluminó con su gloria. Gritó a gran voz, diciendo: ¡Ha caído, ha caído, Babilonia la grande! Se ha convertido en morada de demonios, guarida de todo espíritu inmundo, guarida de toda ave inmunda y aborrecible, porque todas las naciones han bebido del vino del furor de su fornicación, y los reyes de la tierra se han entregado a sí mismos.... con ella a la fornicación, y que los mercaderes de la tierra se han enriquecido con el poder de su lujo. Y oí otra voz del cielo que decía: Salid de en medio de ella, pueblo mío, para que no participéis en sus pecados ni en sus plagas. Porque sus pecados están amontonados hasta el cielo, y Dios se ha acordado de sus iniquidades. Págale como pagó y duplícala según sus obras. En la taza donde ella vertió, vierta dos veces por ella. Por mucho que se glorificara a sí misma y se sumergiera en el lujo, tanto la atormentaba y la lamentaba. Porque ella dice en su corazón: ¡Estoy sentada como una reina, no soy viuda y no veré duelo! Por eso, en un día vendrán sus plagas, muerte, duelo y hambre, y ella será consumida por el fuego. Porque él es poderoso, el Señor Dios que la juzgó. Y todos los reyes de la tierra que se han entregado a la inmoralidad sexual y al lujo con ella, llorarán y se lamentarán por ella, cuando vean el humo de su leña. A lo lejos, temiendo su tormento, dirán: ¡Ay! ¡Desgracia! ¡La gran ciudad, Babilonia, la ciudad poderosa! ¡En solo una hora llegó tu juicio! Y los mercaderes de la tierra lloran y se lamentan por ella, porque ya nadie compra su cargamento. "

Nota:

6. ¿Qué espíritus animaron a los dos magos que fueron maltratados en los actos de los apóstoles? *Hechos 19 : 13-19*

" Algunos exorcistas judíos itinerantes trataron de llamar a los que tenían espíritus malignos el nombre del Señor Jesús, diciendo: ¡Los conjuro por medio de Jesús, a quien predica Pablo! Los que hicieron esto fueron siete hijos de Esceva, un judío, uno de los principales sacerdotes. El espíritu maligno les respondió: Conozco a Jesús y sé quién es Pablo; pero tu, quien eres tu Y el hombre en quien estaba el espíritu maligno saltó sobre ellos, y se hizo dueño de ambos, y los maltrató, de modo que huyeron de esta casa desnudos y heridos. Todos los judíos y griegos que habitaban en Éfeso lo sabían, y el temor se apoderó de todos ellos, y el nombre del Señor Jesús fue glorificado. Muchos de los que creyeron vinieron a confesar y declarar lo que habían hecho. Y cierto número de los que habían practicado las artes mágicas, habiendo traído sus

libros, los quemaron delante de todos: su valor se estimó en cincuenta mil piezas de plata. "

Nota:

7. ¿ En qué persona habla Dios a menudo de su Espíritu en la Biblia? *Génesis 6 : 3*

" Entonces el Señor dijo: Mi espíritu no permanecerá en el hombre para siempre, porque el hombre es carne, y sus días serán ciento veinte años. ", Proverbios 1:23 " ¡ Vuélvete para escuchar mi reprensión! He aquí, derramaré mi espíritu sobre ti, te daré a conocer mis palabras... ", Isaías 42 : 1" He aquí mi siervo, a quien sostendré, mi escogido, en quien mi alma se deleita. Puse mi mente en él; Proclamará justicia a las naciones. », Isaías 59:21 « Este es mi pacto con ellos, dice el Señor: Mi espíritu que reposa sobre ti, y mis palabras que he puesto en tu boca, no se apartarán de tu boca, ni de tu boca. de tus hijos, ni de la boca de los hijos de tus hijos, dice el Señor, desde ahora y para siempre. ", Ezequiel 36:27 " Pondré mi espíritu en ti, y haré que sigas mis ordenanzas, y que guardes y cumplas mis leyes. ", Ezequiel 37:14 " Pondré mi espíritu en ti, y vivirás; y te devolveré a tu tierra, y sabrás

que yo, el Señor, he hablado y hecho, dice el Señor. "

Nota:

8. ¿En qué persona se hace referencia a menudo al Espíritu de maldad en la Biblia?

VERSÍCULOS ADICIONALES EN EL ANTIGUO TESTAMENTO :

Levítico 20:27 " Si un hombre o una mujer tienen espíritu de muerto o espíritu de adivinación, serán castigados con la muerte; serán apedreados, su sangre estará sobre ellos. ", Números 5:14 " y si el marido está preso de un espíritu de celos y sospecha de su esposa, que se ha contaminado, o si está preso de un espíritu de celos y sospecha de su esposa, que no fue profanado - ", Números 5:30 " y en caso de que un esposo preso de un espíritu de celos sospeche de su esposa: el sacerdote la presentará ante el Señor y le aplicará esta ley en su totalidad. ", 1 Reyes 22:21 " Y vino un espíritu y se puso delante de Jehová, y dijo: Lo engañaré. El SEÑOR le dijo: ¿Cómo? ", 1 Reyes 22:23" Y ahora, he aquí, Jehová ha puesto espíritu de mentira en la boca de todos tus profetas que están allí. Y el Señor ha hablado mal contra ti ", 2 Reyes 19 : 7" Pondré tal espíritu en él que cuando oiga volverá a su propia tierra; y lo haré caer a espada en su tierra. ", 2 Crónicas 18:20 " Y vino un espíritu y se puso delante de Jehová, y dijo: Lo engañaré. El SEÑOR le dijo: ¿Cómo? Saldré, respondió, y seré espíritu de mentira en la boca de todos sus profetas. Jehová dijo: Lo engañarás y lo vencerás; sal y hazlo. Y ahora, he aquí, el Señor ha puesto espíritu de mentira en la boca de tus profetas que están allí. Y el Señor ha hablado mal de ti. ", 2 Crónicas 18 : 21" ", 2 Crónicas 18 : 20 - 22" Y vino un espíritu y se puso delante de Jehová, y dijo: Lo engañaré. El SEÑOR le dijo: ¿Cómo? Saldré, respondió, y seré espíritu de mentira en la boca de todos sus profetas. Jehová dijo: Lo engañarás y lo vencerás; sal y hazlo. Y ahora, he aquí, el Señor ha puesto espíritu de mentira en la boca de tus profetas que están allí. Y el Señor ha hablado mal de ti. ", Job 4:15 " Un espíritu pasó a mi lado... Todos mis cabellos se erizaron... ", Salmos 51 : 12" ¡Devuélveme el gozo de tu salvación, y que un espíritu de buena voluntad me sostenga! ", Proverbios 17:22 " El corazón alegre es buena medicina, pero el espíritu abatido seca los huesos. ", Eclesiastés 7 : 8" Mejor es el fin de una cosa que su principio; mejor una mente paciente que una mente altiva. ", Isaías 19:14 " El Señor ha derramado un espíritu de vértigo en medio de ella, para hacer tropezar a los egipcios en todas sus obras, como se tambalea y vomita un borracho. ", Isaías 29:10 " Porque el SEÑOR ha derramado sobre vosotros espíritu de sueño; Él cerró sus ojos (los profetas), Él cubrió sus cabezas (los videntes). "

VERSÍCULOS ADICIONALES EN EL NUEVO TESTAMENTO :

Marcos 1:23 " Se asombraron de su doctrina; porque enseñaba como quien tiene autoridad, y no como los escribas. Había un hombre en la sinagoga que tenía un espíritu inmundo y gritó: `` ¿Qué hay entre nosotros y tú, Jesús de Nazaret? Viniste a perdernos. Sé quién eres: el Santo de Dios. Jesús lo reprendió, diciendo: Cállate y sal de este hombre. Y el espíritu inmundo salió de ese hombre, sacudiéndolo con violencia y dando un gran clamor. Todos quedaron asombrados, de modo que se preguntaron unos a otros: ¿Qué es esto? ¡Una nueva doctrina! Él manda con autoridad incluso a los espíritus inmundos, ¡y le obedecen! ", Marcos 3:30" Jesús habló así porque dijeron: Está poseído de un espíritu inmundo. ", Marcos 5 : 2" Tan pronto como Jesús salió de la barca, vino un hombre a recibirlo, que salía de los sepulcros y poseía un espíritu inmundo. Este hombre tenía su morada en los sepulcros, y ya nadie podía atarlo, ni siquiera con una cadena. Porque a menudo había estado en grilletes y cadenas, pero tenía cadenas rotas y *grilletes rotos, y nadie tenía la fuerza para domesticarlo. Estaba sin cesar, día y noche, en los sepulcros y en las montañas, llorando y golpeándose con piedras. ", Marcos 9:17" Y un hombre de la multitud le respondió: Maestro, te he traído a mi hijo, que tiene un espíritu mudo. ", Lucas 4:33" Se encontró en la sinagoga a un hombre que tenía el espíritu de un demonio inmundo, y que gritó a gran voz: ¡Ah! ¿Qué hay entre nosotros y tú, Jesús de Nazaret? Viniste a perdernos. Sé quién eres: el Santo de Dios. "Lucas 9 : 39 " Un espíritu se apodera de él, y de repente grita; y el espíritu lo agita con violencia, lo hace espumar y tiene dificultad para apartarse de él, después de haberlo roto todo. ", Lucas 13:11 " Y he aquí, había allí una mujer, poseída de un espíritu que la había paralizado durante dieciocho años; estaba encorvada y no podía pararse en absoluto. ", Lucas 24:37 " Sobrecogidos de miedo y terror, creyeron ver un espíritu. ", Lucas 24:39" Mira mis manos y mis pies, en verdad soy yo; tócame y ve: un espíritu no tiene carne ni huesos, como veis que yo tengo. ", Hechos 16:16 " Cuando íbamos al lugar de oración, una sierva que tenía un espíritu de Pitón, y que, adivinando, trajo grandes beneficios a sus amos, vino a nuestro encuentro, y vino a seguirnos, Paul y nosotros. Ella gritó: Estos hombres son los siervos del Dios Altísimo y te anuncian el camino de la salvación. Hizo esto durante varios días. Pablo, cansado, se volvió y le dijo al espíritu: Te mando, en el nombre de Jesucristo, que salgas de ella. Y salió a la misma hora. ", Romanos 8:15 " Y no has recibido el espíritu de servidumbre, de modo que todavía estás en temor; pero has recibido un Espíritu de adopción, por el cual clamamos: ¡Abba! Padre! ", Romanos 11 : 8" Como está escrito, Dios les dio espíritu de sueño, ojos para no ver y oídos para no oír, hasta el día de hoy. Y David dijo: ", 1 Corintios 4:21" ¿Qué quieres? ¿Vengo a ti con vara o con amor y con espíritu de mansedumbre? ", 1 Corintios 15:45" Por eso está escrito: El primer hombre, Adán, llegó a ser alma viviente. El último Adán se convirtió en un espíritu vivificante. ", 2 Corintios 6 : 6" por la pureza, por el conocimiento, por la paciencia, por la bondad, por el espíritu santo, por la caridad sincera ", Gálatas 6 : 1" Hermanos, si alguno llega a ser sorprendido en alguna falta tú que eres espiritual, endereza con espíritu de mansedumbre. Cuídate de ti mismo, no sea que tú también seas tentado. "Efesios 1 : 17" Que el Dios de nuestro Señor Jesucristo, el Padre de gloria, os dé espíritu de sabiduría y de revelación en el conocimiento, "Filipenses 1 : 17" mientras que, animada contendientes, anunciar a Cristo por los motivos que no son puros, y con la idea de causarme alguna tribulación en mis ataduras. ", 2 Timoteo 1 : 7" Porque no es un espíritu de timidez lo que Dios nos ha dado, sino un espíritu de fuerza, de amor y de sabiduría. ", 2 Timoteo 3 : 6" Hay algunos entre ellos que irrumpen en las casas y cautivan a las mujeres de mente débil y estrecha, cargadas de pecados, agitadas por pasiones de todo tipo, siempre aprendiendo y sin poder llegar nunca al conocimiento de la verdad. Así como Jannes y Jambres se opusieron a Moisés, estos hombres se oponen a la verdad, corrompidos en el entendimiento, reprobados en lo que concierne a la fe. Pero no progresarán más; porque su necedad será manifiesta a todos, como la de estos dos hombres. ", Hebreos 9:14" ¡ cuánto más la sangre de Cristo, que por un espíritu eterno se ofreció sin mancha a Dios, limpiará vuestra conciencia de obras muertas, para que sirváis al Dios vivo! ", Santiago 3:14" Pero si tienes un celo amargo en tu corazón y un espíritu de contención, no te jactes ni mientas contra la verdad. ", 1 Pedro 3 : 4" pero el adorno interior y escondido en el corazón, la pureza incorruptible de un espíritu apacible y apacible, que es de gran valor ante Dios. ", Apocalipsis 11:11 " Después de los tres días y medio, un espíritu de vida enviado por Dios entró en ellos, y se pusieron de pie; y gran temor cayó sobre los que los vieron. "*

9. ¿Son las predicciones que se cumplen con exactitud prueba de un origen divino? *1 Samuel 31: 6*

" Murieron, pues, Saúl en ese mismo día, y sus tres hijos, su escudero y todos sus hombres. "

10. ¿Es el Espíritu de Dios una tercera persona de la Deidad, como afirman aquellos que defienden la doctrina de la Trinidad? *Juan 16 : 13-15*

" Cuando venga el Consolador, el Espíritu de verdad, él los conducirá a toda la verdad; porque

no hablará por sí mismo, sino que hablará todo lo que oiga y les dirá lo que vendrá. Él me glorificará, porque tomará de lo mío y te lo contará. Todo lo que tiene el Padre es mío; por eso dije que toma lo que es mío y te lo dirá. "

Nota:

11. ¿Hemos visto alguna vez a Dios en la Biblia? *Juan 1:18*

" Nadie ha visto jamás a Dios; el unigénito Hijo, que está en el seno del Padre, es el que le dio a conocer. "

12. ¿Hemos visto a Jesucristo en la Biblia? *1 Juan 1 : 3-4*

" Lo que hemos visto y oído te lo anunciamos a ti también, para que tú también estés en comunión con nosotros. Ahora, nuestra comunión es con el Padre y con su Hijo Jesucristo. Y escribimos estas cosas para que nuestro gozo sea perfecto. "

Nota:

13. Sin embargo, ¿en qué forma se le apareció el Espíritu de Dios a

Elías en el Antiguo Testamento? *1 Reyes 19 : 11-13*

" El Señor dijo: Sal y ponte en el monte delante del Señor. Y he aquí, el Señor pasó. Y delante de Jehová hubo un viento fuerte y violento, que rompió los montes y quebró las rocas: Jehová no estaba en el viento. Y tras el viento fue un terremoto: el Señor no estaba en el terremoto. Y después del terremoto, un fuego: el Señor no estaba en el fuego. Y después del fuego, un susurro suave y ligero. Cuando Elías lo escuchó, se envolvió el rostro con su manto, salió y se paró a la entrada de la cueva. Y he aquí, una voz le dio estas palabras: ¿Qué haces aquí, Elías? "

14. ¿Podemos ver a Dios? *Éxodo 33 : 11*

" El Señor habló con Moisés cara a cara, como un hombre habla con su amigo. Entonces Moisés volvió al campamento; pero su criado Josué, hijo de Nun, no salió de en medio de la tienda. ", Génesis 32:30 " Jacob llamó el nombre de este lugar Peniel; porque, dijo, vi a Dios cara a cara, y mi alma fue salva. », Deuteronomio 5 : 4« El Señor les habló cara a cara en el monte de en medio del fuego. "

Nota:

15. ¿Cómo explica la Biblia este texto?

Hechos 7:30, 35, 38, 53

" Cuarenta años después se le apareció un ángel en el desierto del monte Sinaí en la llama de una zarza ardiente. (…) Este Moisés, a quien habían negado, diciendo: ¿Quién te ha puesto por gobernante y juez? Es a él a quien Dios envió como líder y como libertador con la ayuda del ángel que se le había aparecido en la zarza. (…) Es él quien, durante la asamblea en el desierto, estando con el ángel que le habló en el monte Sinaí y con nuestros padres, recibió oráculos vivientes, para dárnoslos. (…) ¡Tú que has recibido la ley según los mandamientos de los ángeles, y no la has guardado!... "

16. ¿Alguien ha visto a Dios en la Biblia?

Juan 6:46

" Esto es porque nadie ha visto al Padre, excepto el que viene de Dios; que ha visto al Padre. ",

Juan 14: 9 " Jesús le dijo: Hace tanto tiempo que no estoy contigo, y no me conoces, Felipe. El que me ha visto a mí, ha visto al Padre; ¿Cómo dices: muéstranos al Padre? "

Nota:

¿Qué forma tomó el Espíritu de Dios en el Nuevo Testamento?

17. ¿Cómo apareció el Espíritu Santo durante el bautismo de Jesús? *Lucas 3:22 " Y el Espíritu Santo descendió sobre él en forma corporal, como una paloma. Y una voz pronunció estas palabras desde el cielo: Tú eres mi Hijo amado; en ti pongo todo mi cariño. "*

Nota:

18. Con los apóstoles en el aposento alto, ¿cómo se presentó el Espíritu Santo a los discípulos y apóstoles? *Hechos 2 : 3*

"Se les aparecieron lenguas, como lenguas de fuego, que se separaron y aterrizaron en cada uno de ellos. "

19. ¿Son Dios y el Espíritu Santo la misma persona?

1 Corintios 2:11 "Porque ¿ quién conoce las cosas del hombre sino el espíritu del hombre que está en él? Asimismo, nadie conoce las cosas de Dios excepto el Espíritu de Dios. "

Nota:

20. ¿El Espíritu Santo también le pertenece a Jesús? *Juan 16 : 13-15*

" Cuando venga el Consolador, el Espíritu de verdad, él los conducirá a toda la verdad; porque no hablará por sí mismo, sino que hablará todo lo que oiga y les dirá lo que vendrá. Él me glorificará, porque tomará de lo mío y te lo contará. Todo lo que tiene el Padre es mío; por eso dije que toma lo que es mío y te lo dirá. "

Nota:

21. Aunque el Espíritu Santo tiene sentimientos, ¿se le puede

considerar una persona? *Efesios 4 : 30-31*

" No contristéis al Espíritu Santo de Dios, con quien fuisteis sellados para el día de la redención. Deja que toda amargura, animosidad, ira, clamor, calumnia y maldad desaparezcan de entre ti. "

Nota:

22. ¿Ha tomado el Espíritu Santo alguna vez iniciativas personales en la Biblia? *Hechos 13 : 2*

" Mientras ministraban al Señor y ayunaban, el Espíritu Santo dijo: Apartame a Bernabé ya Saulo para la obra a la que los he llamado. "

Hechos 16 : 7

" Llegados cerca de Misia, se estaban preparando para entrar en Bitinia; pero el Espíritu de Jesús no les permitió hacerlo. "

Nota:

23. ¿Hay algún lugar en la Biblia donde el Espíritu Santo recibió adoración en el cielo?

Nota: ¡ Para nada!

24. ¿Cómo califica un milagro como auténticamente divino?

Marcos 16 : 20

" Y salieron y predicaron en todas partes. El Señor trabajó con ellos y confirmó la palabra con los milagros que la acompañaron. "

Nota:

25. ¿Tener una visión prueba que ha nacido de nuevo? *Hechos 10:22*

" Ellos respondieron: Cornelio, un centurión, un hombre justo y temeroso de Dios, y de quien toda la nación de los judíos da buen testimonio, fue advertido divinamente por un ángel santo para que te llevara a su casa y escuchara tus palabras. "

26. ¿Conocer y enseñar la Biblia es prueba segura de un nuevo nacimiento? *Hechos 18 : 24 - 28*

" Un judío llamado Apolos, natural de Alejandría, un hombre elocuente versado en las Escrituras, vino a Éfeso. Fue instruido en el camino del Señor y, ferviente en espíritu,

proclamó y enseñó con precisión acerca de Jesús, aunque solo conocía el bautismo de Juan. Comenzó a hablar libremente en la sinagoga. Aquila y Priscila, habiéndolo oído, lo llevaron consigo y le explicaron más exactamente el camino de Dios. Como quería ir a Acaya, los hermanos lo animaron allí y escribieron a los discípulos para darle la bienvenida. Cuando llegó, se hizo a sí mismo, por la gracia de Dios, muy útil para los que habían creído; Porque él refutó fuertemente a los judíos en público, demostrando a través de las Escrituras que Jesús es el Cristo.

Nota:

27. ¿Practicar obras de caridad es prueba de un nuevo nacimiento? *Hechos 10 : 3-4*

" Aproximadamente a la hora novena del día, vio claramente en una visión a un ángel de Dios que se le acercaba y le decía: ¡Cornelio! Mirándolo y presa del miedo, respondió: ¿Qué es, Señor? Y el ángel le dijo: Tus oraciones y tu limosna subieron delante de Dios, y él se acordó. "

Nota:

28. ¿Qué significa *" nacer de nuevo "* media?

Juan 1 : 1 - 4, 12 - 14

" En el principio era el Verbo, y el Verbo estaba con Dios, y el Verbo era Dios. Ella estaba al principio con Dios. Todas las cosas fueron hechas por ella, y nada de lo que se hizo se hizo sin ella. En ella estaba la vida, y la vida era la luz de los hombres. La luz brilla en las tinieblas y las tinieblas no la han recibido. Ella estaba en el mundo, y el mundo fue hecho por ella, y el mundo no la conoció. Ella vino a los suyos, y los suyos no la recibieron. Pero a todos los que la recibieron, a los que creen en su nombre, les dio poder para llegar a ser hijos de Dios, que nacieron, no de sangre, ni de la voluntad de la carne, ni de la voluntad de Dios. Hombre, sino de Dios. Y la palabra se hizo carne, y habitó entre nosotros, llena de gracia y de verdad; y vimos su gloria, una gloria como la gloria del Unigénito del Padre. "

Nota:

29. ¿Qué sentimientos animan a los que nacen de nuevo?

Lucas 24:32 " Y se dijeron unos a otros: ¿No ardía nuestro corazón dentro de nosotros cuando nos habló en el camino y nos explicó las Escrituras? "

30. ¿Por qué es esencial nacer del Espíritu Santo, también llamado el Nuevo Nacimiento, para entrar en el reino de Dios? *Juan 3 : 6*

" Lo que nace de la carne, carne es, y lo que nace del Espíritu, Espíritu es. "

Nota:

31. ¿Habla la Biblia de personas cuyas mentes serían consideradas como propias? *Salmo 31: 6*

" Pongo mi mente en tus manos; Tú me librarás, Señor Dios de verdad. "

32. Para cada don de Dios, ¿hay un espíritu único? *1 Corintios 12 : 3-31*

" Es por esto que les digo que nadie, si habla por el Espíritu de Dios, dice: Jesús es anatema! Y que

nadie puede decir: ¡Jesús es el Señor! Si no es por el Espíritu Santo. Hay varios dones, pero el mismo Espíritu; diversidad de ministerios, pero el mismo Señor; diversidad de operaciones, pero el mismo Dios que opera todos en todos. Ahora bien, a cada uno se le da la manifestación del Espíritu para beneficio común. De hecho, a uno le es dada por el Espíritu una palabra de sabiduría; a otro, una palabra de conocimiento, según el mismo Espíritu; a otra fe, por el mismo Espíritu; a otro, el don de curaciones, por el mismo Espíritu; para otro, el don de obrar milagros; a otro, profecía; a otro, el discernimiento de espíritus; a otro, la diversidad de idiomas; a otro, la interpretación de lenguas. Todas estas cosas las obra un solo y mismo Espíritu, distribuyéndolas a cada uno en particular según su voluntad. Porque así como el cuerpo es uno y tiene muchos miembros, y como todos los miembros del cuerpo, a pesar de su número, son un solo cuerpo, así es Cristo. Todos hemos sido bautizados en un solo Espíritu en un cuerpo, ya sean judíos o griegos o esclavos o libres, y todos hemos sido regados con un solo Espíritu. Entonces, el cuerpo no es un solo miembro, sino que está formado por varios miembros. Si el pie dijera: Porque no soy una mano, no soy del cuerpo, ¿no sería del cuerpo para eso? Y si el oído dijera: Porque no soy ojo, no soy del cuerpo, ¿no sería del cuerpo por eso? Si todo el cuerpo fuera ojo, ¿dónde estaría el oído? Si todo estuviera oyendo, ¿dónde estaría el olor? Ahora Dios ha colocado a cada miembro en el cuerpo como ha querido. Si todos fueran un solo miembro, ¿dónde estaría el cuerpo? Ahora, por tanto, hay muchos miembros y un solo cuerpo. El ojo no puede decirle a la mano: no te necesito; ni de la cabeza a los pies decir: no te necesito. Más bien, se necesitan los miembros del cuerpo que parecen ser más débiles; ya los que consideramos los menos honorables del cuerpo, los rodeamos de mayor honor. Entonces, nuestros miembros menos honestos reciben el mayor honor, mientras que aquellos que son honestos no lo necesitan. Dios dispuso el cuerpo de tal manera que se diera más honor a lo que faltaba, para que no hubiera división en el cuerpo, sino que los miembros también se cuidaran unos a otros. Y si un miembro sufre, todos los miembros sufren con él; si un miembro es honrado, todos los miembros se regocijan con él. Ustedes son el cuerpo de Cristo y sus miembros, cada uno por su parte. Y Dios estableció en la Iglesia primero apóstoles, segundo profetas, tercero maestros, luego a los que tienen el don de milagros, luego a los que tienen los dones para sanar, ayudar, gobernar, hablar varios idiomas. ¿Todos son apóstoles? ¿Son todos profetas? ¿Todos son doctores? ¿ Todos tienen el don de los milagros? ¿Todos tienen el don de las curaciones? ¿Hablan todos en lenguas? ¿Todos interpretan? Esfuércese por los mejores regalos. Y todavía te mostraré un camino por excelencia. "

33. ¿Qué significa para nosotros "*Hay un solo Espíritu*" y cómo entendemos el término pluralidad que se usa aquí? *1 Corintios 12 : 3-31*

" Es por esto que les digo que nadie, si habla por el Espíritu de Dios, dice: Jesús es anatema! Y que nadie puede decir: ¡Jesús es el Señor! Si no es por el Espíritu Santo. Hay varios dones, pero el mismo Espíritu; diversidad de ministerios, pero el mismo Señor; diversidad de operaciones, pero el mismo Dios que opera todos en todos. Ahora bien, a cada uno se le da la manifestación del Espíritu para beneficio común. De hecho, a uno le es dada por el Espíritu una palabra de sabiduría; a otro,

una palabra de conocimiento, según el mismo Espíritu; a otra fe, por el mismo Espíritu; a otro, el don de curaciones, por el mismo Espíritu; para otro, el don de obrar milagros; a otro, profecía; a otro, el discernimiento de espíritus; a otro, la diversidad de idiomas; a otro, la interpretación de lenguas. Todas estas cosas las obra un solo y mismo Espíritu, distribuyéndolas a cada uno en particular según su voluntad. Porque así como el cuerpo es uno y tiene muchos miembros, y como todos los miembros del cuerpo, a pesar de su número, son un solo cuerpo, así es Cristo. Todos hemos sido bautizados en un solo Espíritu en un cuerpo, ya sean judíos o griegos o esclavos o libres, y todos hemos sido regados con un solo Espíritu. Entonces, el cuerpo no es un solo miembro, sino que está formado por varios miembros. Si el pie dijera: Porque no soy una mano, no soy del cuerpo, ¿no sería del cuerpo para eso? Y si el oído dijera: Porque no soy ojo, no soy del cuerpo, ¿no sería del cuerpo por eso? Si todo el cuerpo fuera ojo, ¿dónde estaría el oído? Si todo estuviera oyendo, ¿dónde estaría el olor? Ahora Dios ha colocado a cada miembro en el cuerpo como ha querido. Si todos fueran un solo miembro, ¿dónde estaría el cuerpo? Ahora, por tanto, hay muchos miembros y un solo cuerpo. El ojo no puede decirle a la mano: no te necesito; ni de la cabeza a los pies decir: no te necesito. Más bien, se necesitan los miembros del cuerpo que parecen ser más débiles; ya los que consideramos los menos honorables del cuerpo, los rodeamos de mayor honor. Entonces, nuestros miembros menos honestos reciben el mayor honor, mientras que aquellos que son honestos no lo necesitan. Dios dispuso el cuerpo de tal manera que se diera más honor a lo que faltaba, para que no hubiera división en el cuerpo, sino que los miembros también se cuidaran unos a otros. Y si un miembro sufre, todos los miembros sufren con él; si un miembro es honrado, todos los miembros se regocijan con él. Ustedes son el cuerpo de Cristo y sus miembros, cada uno por su parte. Y Dios estableció en la Iglesia primero apóstoles, segundo profetas, tercero maestros, luego a los que tienen el don de milagros, luego a los que tienen los dones para sanar, ayudar, gobernar, hablar varios idiomas. ¿Todos son apóstoles? ¿Son todos profetas? ¿Todos son doctores? ¿Todos tienen el don de los milagros? ¿Todos tienen el don de las curaciones? ¿Hablan todos en lenguas? ¿Todos interpretan? Esfuércese por los mejores regalos. Y todavía te mostraré un camino por excelencia. "

Nota:

34. ¿Qué une a los hijos de Dios? *Efesios 4 : 1-3*

" Os exhorto, pues, yo, preso en el Señor, a caminar de una manera digna de la vocación que se os ha dirigido, con toda humildad y mansedumbre, con paciencia, apoyándonos unos a otros con caridad, esforzándonos por mantener la unidad. del espíritu por el vínculo de la paz. "

35. ¿Se puede ser hijo de Dios sin tener su Espíritu Santo?

Romanos 8 : 9 " No vives según la carne, sino según el espíritu, si al menos el Espíritu de Dios mora en ti. Si alguien no tiene el Espíritu de Cristo, no le pertenece. "

36. ¿El término "*siete espíritus de Dios*" en la Biblia significa que hay varios?

INTERPRETACIÓN PROFÉTICA DEL SIMBÓLICO DE VENTAS " Septiembre ", VARIAS VECES UTILIZADAS EN EL APOCALIPSIS

No.	Notas	Referen cias	Textos
1	La Iglesia, desde los tiempos apostólico s hasta el regreso de Cristo.	*Apocalipsi s 1:14, 20,*	*" Juan a las **siete iglesias** q ue están en Asia: Gracia a vosotros y paz del que es y que era y que ha de venir, y de los siete*

			espíritus que están delante de su trono "
2	Los ángeles que acompañan a la Iglesia durante los diferentes períodos de su historia.	*Apocalipsis 3 : 1,*	*" El misterio de las **siete estrellas** que viste en mi mano derecha. "*
3	Las siete iglesias.	*Apocalipsis 4 : 5*	*" Y los siete candeleros de oro. "*

4	Los siete ángeles de los diferentes períodos de la Iglesia	*Apocalipsis 5 : 1*	*" Las **siete estrellas** son los ángeles de las **siete iglesias,** y los **siete candeleros** son las siete iglesias. "*
5	El Espíritu de Dios acompañando a su Iglesia.	*Apocalipsis 5 : 6*	*" Escribe al ángel de la Iglesia de Sardis: Esto es lo que dice el que tiene los **siete espíritus de Dios** y*

			las ***siete estrellas...*** "
6	El juicio perfecto y continuo de Dios sobre su Iglesia a lo largo de los siglos.	*Apocalipsis 8 : 2*	*" Delante del trono arden* ***siete lámparas de fuego,*** *que son los* ***siete espíritus de Dios.*** *Entonces vi en la mano derecha del que estaba sentado en el trono un libro escrito por dentro y por fuera, sellado*

			con ***siete sellos.*** "
7	La omnipresencia de dios	*Apocalipsis 12 : 3*	*" Tenía* ***siete cuernos*** *y* ***siete ojos,*** *que son los* ***siete espíritus de Dios*** *enviados por toda la tierra.* "
8	La plenitud del juicio preliminar de Dios sobre las naciones a lo largo	*Apocalipsis*	*" Y vi a los* ***siete ángeles*** *que estaban de pie delante de Dios, y se les dieron* ***siet***

	de la historia		***e trompetas.*** "
9	La condenación final del diablo y su imperio.	*Apocalipsis 12 : 3*	*" Otra señal apareció de nuevo en el cielo; y he aquí, era un gran dragón rojo, que tenía* ***siete cabezas*** *y diez cuernos, y en sus cabezas* ***siete diademas.*** "

10	El juicio intermedio de las naciones por Dios a lo largo de la historia	*Apocalipsis 15 : 6*	*" Y los **siete ángeles** que tenían las **siete plagas** salieron del templo, vestidos de lino puro y resplandeciente, y con cinturones de oro alrededor de sus pechos. "*
11	El poder del Diablo y su trono: esta Europa pseudocristiana, es	*Apocalipsis 13 : 1*	*" Entonces vi una bestia que subía del mar, que tenía diez cuernos*

	decir (católica y protestante) apoyando al VATICANO que acogió al Ángel Caído desde que fue arrojado a la tierra tras la guerra que le opuso a Michel.		*y* ***siete cabezas,*** *y en sus cuernos diez diademas, y en sus cabezas nombres de blasfemia.* "
12	La plenitud del juicio	*Apocalipsis 15 : 1*	*" Entonces vi otra señal en el cielo,*

	prelimina r de Dios sobre las naciones a lo largo de la historia		*grande y maravillosa: **siete ángeles,** que tenían **siet e plagas,** la última, porque por medio de ellos se cumplió la ira de Dios. "*
13	La plenitud del juicio prelimina r de Dios sobre las naciones a lo largo de la historia	*Apocalipsis 15 : 6*	*" Y uno de los cuatro seres vivientes dio a los **siete ángeles siete copas de** oro, llenas de la*

			ira del Dios que vive por los siglos de los siglos. "
14	El tiempo de la Apostasía de la Iglesia (Dios y Jesús vomitando Laodicea) precede al regreso de los judíos a Dios los 144.000.	*Apocalipsis 15 : 7*	*" Y el templo se llenó de humo por la gloria de Dios y por su poder; y nadie podía entrar en el templo hasta que se cumplieran las **siete plagas** de los **siete ángeles.** "*
15			

	El Juicio Eterno de Babilonia (VATICA NO) el 15 de diciembre de 2027, que será destruida por un ejército consumié ndola con fuego. Sig uiendo el ejemplo de este signo precursor, la repentina e inexplicab le	*Revelation 12 : 7 : 1*	*" Entonces vino uno de los* ***siete ángeles*** *qu e tenían las* ***siete copas*** *y me habló, diciendo: Ven, te mostraré el juicio de la gran ramera que se sienta sobre muchas aguas. Con ella los reyes de la tierra han cometido inmoralida d sexual, y los habitantes*

	destrucción de la catedral de París en 2019.		*de la tierra están embriagados con el vino de su fornicación. "*
dieci séis	La restauración del trono de la Bestia (El VATICANO) después de su destrucción el 15 de diciembre de 2027, los Estados Unidos con el liderazgo	*Apocalipsis 17 : 2-11*	*" Me llevó en espíritu a un desierto. Y vi a una mujer sentada sobre una bestia escarlata, llena de nombres de blasfemia, que tenía* ***siete cabezas y diez cuernos.*** *E*

continuado de su actual líder, François 1 st, que se convertirá en el único gobernador de la tierra mediante la aplicación de la marca del bestia en 666 a todos los habitantes del mundo. Los siete reyes que reinaron

sta mujer estaba vestida de púrpura y escarlata, y adornada con oro, piedras preciosas y perlas. Tenía en la mano una copa de oro, llena de abominaciones y las impurezas de su prostitución. En su frente estaba escrito un nombre, un misterio: Babilonia la

	sobre la bestia : " *Cinco han caído* " 1- Pedro XI 2- Pedro XII 3- Juan XXIII 4- Pablo VI 5- Juan Pablo Ist " *Uno existe* " 6- Juan Pablo II " *El otro aún no ha venido, y cuando lo haga,*		*grande, la madre de rameras y abominaciones de la tierra. Y vi a esta mujer ebria de la sangre de los santos y de la sangre de los testigos de Jesús. Y, al verla, me embargó un gran asombro. Y el ángel me dijo: ¿Por qué estás asombrado? Les diré el misterio de la mujer y de la bestia*

deberá quedarse un rato "

7- Bene dict o XVI

" El octavo es parte de los siete y va a la perdición "

8- Fran cisc o I, qu e es el últi mo de su s uces ión y

que la lleva, que tiene las ***siete cabezas y los diez cuernos.*** L *a bestia que viste fue, y ya no existe. Debe ascender del abismo e ir a la perdición. Y los habitantes de la tierra, aquellos cuyos nombres no fueron escritos desde la fundación del mundo en el libro*

	que va a su perd ició n con la veni da de Jesú s que lo dest ruir á con el alie nto de su boca		*de la vida, se asombrarán al ver a la bestia, porque era, y ya no es, y volverá a aparecer. - Esta es la inteligencia que tiene sabiduría. -* ***Las siete cabezas*** *so n* ***siete montes,*** *sobre los cuales se sienta la mujer. Tam bién hay* ***siete reyes*** *: cinco han caído, uno*

	en el últi mo día.		*existe, el otro aún no ha llegado, y cuando venga, debe quedarse un rato. Y la bestia que era, y que ya no es, es ella misma un octavo rey, y es* ***del número de los siete,*** *y va a la perdición (...) Los diez cuernos que viste son diez reyes, que tienen aún no han recibido un reino, pero se les ha*

			dado autoridad como reyes por una hora con la bestia. "
17	La visión de la Iglesia de Cristo al final de los tiempos, justo antes y en el momento de su regreso. L os 144.000 de Laodicea y completad	*Apocalipsi s 17 : 12*	*" Entonces vino uno de los* ***siete ángeles*** *qu e tenían las* ***siete copas*** *llena s de las* ***siete últimas plagas*** *y me habló, diciendo: Ven, te mostraré la novia, la esposa del Cordero. Y*

	os por los judíos, que serán guiados por El Pastor y Pastor de las Ovejas de Dios, Jesucristo mismo.		*me llevó en espíritu a una montaña grande y alta. "*

VERSOS ADICIONALES :

Apocalipsis 21 : 9 " Y me mostró la ciudad santa, Jerusalén, que descendió de Dios del cielo, teniendo la gloria de Dios. Su brillo era como el de una piedra muy preciosa, de una piedra de jaspe transparente como el cristal. Tenía un muro grande y alto. Tenía doce puertas, y en las puertas doce ángeles, y nombres escritos, los de las doce tribus de los hijos de Israel " 2 Corintios 2 : 14-17" Gracias a Dios, que siempre nos hace triunfar en Cristo, y que difunde el aroma de su conocimiento a través de nosotros por todas partes! Somos, en verdad, para Dios el buen olor de Cristo, entre los que se salvan y entre los que perecen: para algunos olor de muerte, que da muerte; para otros, olor a vida, dando vida. -¿Y quién es suficiente para esas cosas? - Porque no falsificamos la palabra de Dios, como muchos lo hacen; pero es con sinceridad, pero es de Dios que hablamos en Cristo ante Dios. "

37. ¿Cómo se entiende el término pluralidad que se utiliza aquí?

1 Corintios 12 : 3 - 31 " Por eso os digo que nadie, si habla por el Espíritu de Dios, dice: ¡Jesús es anatema! Y que nadie puede decir: ¡Jesús es el Señor! Si no es por el Espíritu Santo. Hay varios dones, pero el mismo Espíritu; diversidad de ministerios, pero el mismo Señor; diversidad de operaciones, pero el mismo Dios que opera todos en todos. Ahora bien, a cada uno se le da la manifestación del Espíritu para beneficio común. De hecho, a uno le es dada por el Espíritu una palabra de sabiduría; a otro, una palabra de conocimiento, según el mismo Espíritu; a otra fe, por el mismo Espíritu; a otro, el don de curaciones, por el mismo Espíritu; para otro, el don de obrar milagros; a otro, profecía; a otro, el discernimiento de espíritus; a otro, la diversidad de idiomas; a otro, la interpretación de lenguas. Todas estas cosas las obra un solo y mismo Espíritu, distribuyéndolas a cada uno en particular según su voluntad. Porque así como el cuerpo es uno y tiene muchos miembros, y como todos los miembros del cuerpo, a pesar de su número, son un solo cuerpo, así es Cristo. Todos hemos sido bautizados en un solo Espíritu en un cuerpo, ya sean judíos o griegos o esclavos o libres, y todos hemos sido regados con un solo Espíritu. Entonces, el cuerpo no es un solo miembro, sino que está formado por varios miembros. Si el pie dijera: Porque no soy una mano, no soy del cuerpo, ¿no sería del cuerpo para eso? Y si el oído dijera: Porque no soy ojo, no soy del cuerpo, ¿no sería del cuerpo por eso? Si todo el cuerpo fuera ojo, ¿dónde estaría el oído? Si todo estuviera oyendo, ¿dónde estaría el olor? Ahora Dios ha colocado a cada miembro en el cuerpo como ha querido. Si todos fueran un solo miembro, ¿dónde estaría el cuerpo? Ahora, por tanto, hay muchos miembros y un solo cuerpo. El ojo no puede decirle a la mano: no te necesito; ni de la cabeza a los pies decir: no te necesito. Más bien, se necesitan los miembros del cuerpo que parecen ser más débiles; ya los que consideramos los menos honorables del cuerpo, los rodeamos de mayor honor. Entonces, nuestros miembros menos honestos reciben el mayor honor, mientras que aquellos que son honestos no lo necesitan. Dios dispuso el cuerpo de tal manera que se diera más honor a lo que faltaba, para que no hubiera división en el cuerpo, sino que los miembros también se cuidaran unos a otros. Y si un miembro sufre, todos los miembros sufren con él; si un miembro es honrado, todos los miembros se regocijan con él. Ustedes son el cuerpo de Cristo y sus miembros, cada uno por su parte. Y

Dios estableció en la Iglesia primero apóstoles, segundo profetas, tercero maestros, luego a los que tienen el don de milagros, luego a los que tienen los dones para sanar, ayudar, gobernar, hablar varios idiomas. ¿Todos son apóstoles? ¿Son todos profetas? ¿Todos son doctores? ¿Todos tienen el don de los milagros? ¿Todos tienen el don de las curaciones? ¿Hablan todos en lenguas? ¿Todos interpretan? Esfuércese por los mejores regalos. Y todavía te mostraré un camino por excelencia. "

Nota:

38. ¿Cuál es este don por excelencia del que habla el Apóstol en el texto anterior? *1 Corintios 13 : 1 - 13*

" Cuando hablo las lenguas de los hombres y de los ángeles, si no tengo caridad, soy un metal resonante, o un címbalo resonante. Y cuando tuviera el don de la profecía, la ciencia de todos los misterios y de todo conocimiento, cuando incluso tuviera toda la fe hasta el punto de transportar montañas, si no tengo caridad, no soy nada. Y cuando distribuyo todos mis bienes para la comida

de los pobres, cuando incluso entrego mi cuerpo para ser quemado, si no tengo caridad, de nada me sirve. La caridad es paciente, está llena de bondad; la caridad no tiene envidia; la caridad no se jacta, no se hincha de orgullo, no hace nada deshonesto, no busca su interés, no se enoja, no sospecha del mal, no se alegra de la injusticia, pero se regocija en la verdad; todo lo disculpa, todo lo cree, todo lo espera, todo lo apoya. La caridad nunca perece. Las profecías terminarán, las lenguas cesarán, el conocimiento desaparecerá. Porque en parte conocemos, y en parte profetizamos, pero cuando venga lo perfecto, lo parcial pasará. Cuando era niño, hablaba como niño, pensaba como niño, razonaba como niño; cuando me convertí en hombre, hice desaparecer al niño. Hoy vemos a través de un espejo, de manera oscura, pero luego veremos cara a cara; hoy conozco en parte, pero luego sabré como me han conocido. Ahora, pues, quedan estas tres cosas: fe, esperanza, caridad; pero la mayor de estas cosas es la caridad. " Efesios 4 : 7 - 15" Pero a cada uno de nosotros se nos ha dado la gracia según la medida del don de Cristo. Por eso se dice: Habiendo subido a lo alto, llevó cautivos y dio dones a los hombres. Ahora, ¿qué significa Él ascender excepto que Él también descendió a las regiones más bajas de la tierra? El que descendió es el mismo que ascendió sobre todos los cielos para llenarlo todo. Y dio a unos como apóstoles, a otros como profetas, a otros como evangelistas, a otros como pastores y maestros, para el perfeccionamiento de los santos para la obra del ministerio y para la edificación del cuerpo de Cristo, hasta que 'todos tengamos llegar a la unidad de la fe y el conocimiento del Hijo de Dios, al hecho hombre, a la medida de la perfecta estatura de Cristo, de modo que ya no seamos niños, flotando y arrastrados en todo viento de doctrina, por el engaño de los hombres, por su astucia en los medios de seducción, pero que, profesando la verdad en la caridad, creemos en todos los aspectos en Aquel que es la cabeza, Cristo. "

39. ¿Qué inspiró la palabra de Dios? *Isaías 34:16 "¡ Consulta el libro del Señor y lee! Ninguno faltará, tampoco faltará; Porque su boca lo ordenó. Es su espíritu el que los unirá. "*

40. ¿Podemos todavía recibir una revelación extrabíblica supuestamente divina hoy? *1 Corintios 4 : 6*

" Para que aprendas en nuestra gente a no ir más allá de lo que está escrito "

41. ¿ De quién se transmitió el evangelio a los apóstoles? *Gálatas 1 : 8-12*

" Pero cuando nosotros mismos, cuando un ángel del cielo predique otro evangelio que el que les predicamos, ¡sea anatema!" Lo hemos dicho antes, y lo repetiré en este momento: si alguien os anuncia otro Evangelio que el que habéis recibido, ¡sea anatema! Y ahora, ¿es el favor de los hombres lo que deseo o el de Dios? ¿Estoy tratando de complacer a los hombres? Si todavía agradara a los hombres, no sería siervo de Cristo. Os digo, hermanos, que el evangelio que he predicado no es de hombre; porque ni lo recibí de un hombre ni lo aprendí, sino por revelación de Jesucristo. "

ACCIÓN SALVADORA PERMANENTE DE JESÚS POR MEDIO DE LA FUERZA DE DIOS : EL ESPÍRITU SANTO

EN EL ANTIGUO TESTAMENTO

42. En las ciudades perversas de sodomía que de ahora en adelante llevan los nombres de Sodoma y Gomorra *Génesis 18 : 17-29*

" Entonces el Señor dijo: ¿Ocultaré a Abraham lo que voy a hacer?... Abraham ciertamente llegará a ser una nación grande y poderosa, y en él serán benditas todas las naciones de la tierra. Porque lo he elegido para que mande a sus hijos y a su casa después de él que guarden el camino del Señor, haciendo justicia y justicia, y para que el Señor cumpla por amor a Abraham las promesas que le hizo... Y el Señor dijo: El clamor contra Sodoma y Gomorra ha aumentado, y su pecado es grande. Por tanto voy a descender, y veré si han actuado enteramente según el rumor que me ha llegado; y si no es así, lo averiguaré. Los hombres

se alejaron y fueron a Sodoma. Pero Abraham todavía estaba de pie ante el Señor. Abraham se acercó y dijo: ¿Destruirás también al justo con el impío? Quizás haya cincuenta justos en medio de la ciudad: ¿los destruirás también, y no perdonarás a la ciudad por causa de los cincuenta justos que hay en medio de ella? Matar al justo con el impío, de modo que sea con el justo como con el impío, ¡lejos de ti esta forma de actuar! Lejos de ti! El que juzga a toda la tierra, ¿no ejercerá justicia? Y el Señor dijo: Si encuentro cincuenta justos en Sodoma en medio de la ciudad, perdonaré a toda la ciudad por causa de ellos. Abraham respondió y dijo: He aquí, me he atrevido a hablar con el Señor, que soy polvo y ceniza. Quizás de los cincuenta justos, falten cinco: por cinco, ¿destruirás toda la ciudad? Y el SEÑOR dijo: No la destruiré, si hallo allí cuarenta y cinco justos. Abraham continuó hablando con él y dijo: Quizás haya cuarenta justos allí. Y el Señor dijo: No haré nada por estos cuarenta. "

DURANTE LA INUNDACIÓN PLANETARIA DE AGUA

43. ¿Cómo habla el Nuevo Testamento al respecto? *1 Pedro 3 : 17-22*

" Porque mejor es sufrir, si es la voluntad de Dios, por hacer el bien que por hacer el mal. Cristo también padeció una sola vez por los pecados, el justo por los injustos, para llevarnos a Dios, habiendo sido muerto como en la carne, pero habiendo sido vivificado según el Espíritu, en el cual también fue. espíritus en prisión, que alguna vez habían sido incrédulos, cuando la paciencia de Dios se prolongó, en los días de Noé, durante la construcción del arca, en la que un pequeño número de personas, es decir, ocho, se salvaron por el agua. Esta agua fue figura del bautismo, que no es la purificación de las impurezas del cuerpo, sino el compromiso de una buena conciencia hacia Dios, y que ahora te salva a ti también a ti por la resurrección de Jesucristo, que está en el diestra de Dios, desde que subió al cielo, y ángeles, autoridades y potestades le estaban sujetos. "

EN EL NUEVO TESTAMENTO

44. ¿Cuál es la prueba irrefutable de autenticación de un hijo de Dios? *1 Juan 4 : 1 - 6*

" Amados, no pongan fe en todo espíritu; pero prueba los espíritus, si son de Dios, porque muchos falsos profetas han venido al mundo. Reconozca el Espíritu de Dios por esto: todo espíritu que confiesa que Jesucristo ha venido en carne, es de Dios; y todo espíritu que no confiesa a Jesús no es de Dios, es el del anticristo, cuya venida habéis oído, y que ya está en el mundo. Ustedes, nietos, son de Dios y los han vencido, porque mayor es el que está en ustedes que el que está en el mundo. Son del mundo; por tanto, hablan según el mundo, y el mundo los escucha. Somos de Dios; el que conoce a Dios nos escucha; el que no es de Dios, no nos escucha: por esto conocemos el espíritu de verdad y el espíritu de error. "

45. ¿Cómo esta naturaleza de Cristo hecho humano saca a relucir la

fuerza activa del Espíritu Santo de Dios?

1 Juan 5 : 1 - 13 " El que cree que Jesús es el Cristo, es nacido de Dios; y el que ama al que lo engendró, ama también al que es nacido de él. Sabemos que amamos a los hijos de Dios cuando amamos a Dios y guardamos sus mandamientos. Porque el amor de Dios consiste en guardar sus mandamientos. Y sus mandamientos no son dolorosos, porque todo lo que es nacido de Dios triunfa sobre el mundo; y la victoria que triunfa sobre el mundo es nuestra fe. ¿Quién es el que ha triunfado sobre el mundo, sino el que cree que Jesús es el Hijo de Dios? Es él, Jesucristo, quien vino con agua y sangre; no solo con agua, sino con agua y con sangre; y es el Espíritu el que da testimonio, porque el Espíritu es verdad. Porque tres son los que dan testimonio: el Espíritu, el agua y la sangre, y los tres están de acuerdo. Si recibimos el testimonio de los hombres, el testimonio de Dios es mayor; porque el testimonio de Dios es que dio testimonio de su Hijo. El que cree en el Hijo de Dios, tiene este testimonio en sí mismo; el que no cree a Dios le hace mentiroso, porque no cree en el testimonio que Dios ha dado a su Hijo. Y este es el testimonio de que Dios nos dio la vida eterna y que la vida está en su Hijo. El que tiene al Hijo, tiene la vida; el que no tiene al Hijo de Dios no tiene la vida. Les he escrito estas cosas para que sepan que tienen vida eterna, los que creen en el nombre del Hijo de Dios. "

46. ¿ Negar la naturaleza de Jesús "Hombre" expone a los creyentes u otros a qué peligros espirituales? *2 Juan 1 : 7-8*

" Porque muchos engañadores han entrado en el mundo, que no confiesan que Jesucristo ha venido en carne. El que es tal es el engañador y el anticristo. Mirad por vosotros mismos, para no perder el fruto de vuestro trabajo, sino recibir una recompensa completa. "

47. ¿A qué se expone el que no admita esta verdad fundamental sobre la naturaleza de Jesús? *2 Juan 1 : 9*

" El que va más allá y no permanece en la doctrina de Cristo, no tiene a Dios; el que permanece en esta doctrina tiene al Padre y al Hijo. "

48. ¿Y cómo debe ser considerada en adelante por la Iglesia? *2 Juan 1:10*

" Si alguien viene a ti y no trae esta doctrina, no lo recibas en tu casa, y no le digas: ¡Hola! Para el que le dice: ¡Hola! Participa en sus malas obras. "

CONCLUSIÓN

En resumen, las Escrituras que demuestran esta Biblia estudian este conocimiento singular de la naturaleza del Espíritu Santo, que nunca será confundido con la naturaleza de " *J esús hombre Cristo* " *1 Timoteo 2 : 5,* ni a la de " *Padre Yahweh solo invisibles y Espíritu* "*1 Timoteo 6 : 16.* Es así como también se restaura la santa doctrina, dando acceso a la salvación a cualquier alma arrepentida en estos tiempos de gracia divina, que Dios aún puede erradicar el *" 666 "* insidiosamente marcado en la frente de todo apóstata. 2 *Timoteo 4 : 1 - 4* " *Te ruego delante de Dios y delante de Jesucristo, que ha de juzgar a vivos y muertos, y en nombre de su aparición y de su reino, predique la palabra, insista en cada ocasión, favorable o no, retracta, censura, exhorta, con toda mansedumbre y con instrucción. Porque vendrá el tiempo en que los hombres no soportarán la sana doctrina; pero, teniendo ganas de oír cosas agradables, se darán una multitud de maestros según sus propios deseos, apartarán el oído de la verdad y se volverán a las fábulas.* " Si el diablo trajo la imposición del " *666* " al frente de la multitud de los malvados en el mundo, ignorando o no la existencia del único Dios verdadero Yahweh lo que es porque ninguna disculpa es tolerada por Dios. Esto, por lo tanto, concierne a casi todos los Hombres que han " *apostatado colectivamente* " *2 Tesalonicenses 2 : 1-7,* luego del abandono de los primeros tres mandamientos de Dios al adorar a la Trinidad o cualquier otra deidad, aparte del único Dios verdadero. el único Dios de la Biblia. Así, el olvido o la infracción por parte de los `` **infieles ",** supuestamente cristianos o no, de estos tres primeros mandamientos de Dios dados a Moisés, permitió la emergencia de un espacio laboriosamente opuesto a Dios por medio de una multitud. de doctrinas sectarias y de religión por excelencia, recorriendo nuestras ciudades y campos, realizando falsos milagros que la Biblia ya había anunciado deberían servir al mal una vez que el espíritu del error libre de todo movimiento en este fin del mundo inminente!

¿Cómo evoca la Biblia la magnitud de esta perdición mundial consentida por las naciones del mundo mediante la señal de la Bestia, el " *666* "? La frente que representa el lugar del conocimiento inteligente y libre de Dios, sin reverencia a Jesucristo, el Espíritu Santo o cualquier otra deidad es la marca en la frente de cualquiera que exalte cualquier deidad u otra aparte de la verdadera Dios YAHWEH. Es por tanto a través de este canal que los humanos reciben inevitablemente este emblema del mal " *666* ". Esto es más por qué *1 Juan 4 : 2 - 6* recomienda con advertencias a los cristianos ya todos : " *Hijitos, ya es el último tiempo, y como han oído que el anticristo viene, ahora hay varios anticristos. : Por ese sabemos que es la última hora. Salieron de entre nosotros, pero no estaban entre nosotros; porque si hubieran estado con nosotros, se habrían quedado con nosotros, pero sucedió que se manifestó que no todos somos de nosotros. Para ustedes, han recibido la unción del Santo, y todos tienen conocimiento.* "

Como recordatorio esencial, notemos que por primera vez se menciona con bastante claridad en el *Apocalipsis,* el " *666* " del apóstol Juan, como el precursor de la gran profecía del fin de los tiempos. De hecho, ¡ya encontramos en casi todas sus epístolas hechos muy importantes sobre el tema! Además, debe notarse que Dios no le había dado a Juan para hablar de los eventos del fin de los tiempos en el cuarto Evangelio que lleva su firma. Pero eso fue para que lo hiciera más adelante en un libro entero, el que Jesucristo mismo lo llamó con su propio nombre *" Revelación de Jesucristo… "* ¿Cómo indica la escritura la señal del reconocimiento doctrinario del " *666* "? ¿en la parte delantera? *1 Juan 4 : 2 - 6 "En esto reconoce el Espíritu de Dios : todo espíritu que confiesa a Jesucristo que ha venido en carne, es de Dios; y todo espíritu que no confiesa a Jesús no es de Dios, es el del anticristo cuya venida habéis oído, y que ya está en el mundo. Ustedes, nietos, son de Dios y los han vencido, porque mayor es el que está en ustedes que el que está en el mundo. Son del mundo; de eso hablan según el mundo, y el mundo los escucha. Somos de Dios; es el que conoce a Dios quien nos escucha; el que no es de Dios, no nos escucha : así conocemos el espíritu de verdad y el espíritu de error.* " La Biblia declara por el amado apóstol de Jesús, que para identificar el verdadero Espíritu de Dios que anima a sus siervos, con el habitado por el Diablo a través del " *666* ", es con esta verdad profética determinante: " *Reconoced a esto el Espíritu de Dios : todo espíritu que confiesa que Jesucristo ha venido en carne, es de Dios* ". Otra versión de la Santa Biblia, notablemente " Français Courant " también dice en referencia a *1 Juan 4 : 2 - 6* " *Ciertamente los falsos profetas se han extendido por el mundo. Así es como puede saber si es el Espíritu de Dios : cualquiera que reconozca que Jesús realmente se convirtió en un hombre del Espíritu de Dios. Pero el que se niega a reconocer a Jesús como tal, no tiene el Espíritu de Dios, sino el del adversario de Cristo : habéis aprendido que éste venía y, ahora, ya está en el mundo.* "

Entonces, ¿cuándo entró el " *666* " al mundo, según el pasaje anterior? *1 Juan 4 : 2 - 6* " *Pero el que se niega a reconocer a Jesús como tal, no tiene el Espíritu de Dios, sino el del adversario de Cristo : habéis oído que éste venía y, ahora, ya está en el mundo.* » ¿Cuál es el punto principal de esta enseñanza de Juan acerca del " 666 "? *1 Juan 4 : 2 - 6 " Quien reconoce que Jesús realmente se hizo hombre, tiene el Espíritu de Dios.* " Así se anuncia la marca del " *666* " en las Epístolas de *1 Juan 2 : 18-20" Hijos, es la última hora, y como oísteis que vendrá el anticristo, ahora hay varios anticristos : por eso sabemos que es la última hora. Salieron de entre nosotros, pero no estaban entre nosotros; porque si hubieran estado con nosotros, se habrían quedado con nosotros, pero sucedió que se manifestó que no todos somos de nosotros. Para ustedes, han recibido la unción del Santo, y todos tienen conocimiento.* " ¿Y qué lección no calificó a nadie para ser cristiano de este pasaje? *1 Juan 4 : 2 - 6 "Así es como puedes saber si es el Espíritu de Dios : Cualquiera que reconozca que Jesús realmente se ha convertido en un hombre del Espíritu de Dios.* " ¿Cómo se llamó hombre a los que rechazaron esta enseñanza de Jesús dada por Juan, último Apóstol de Cristo? *1 Juan 4 : 2 - 6 " Porque los falsos profetas se han extendido por todo el mundo. Así es como puede saber si es el Espíritu de Dios : cualquiera que reconozca que Jesús realmente se convirtió en un hombre del Espíritu de Dios.* " ¿Qué dice en otros pasajes de la Biblia? 2 *Juan 1 : 7-10 " Porque muchos engañadores han entrado en el mundo, que no confiesan que Jesucristo ha venido en carne. El que es tal es el engañador y el anticristo.* » ¿Qué consecuencias acarrearían para los infractores de esta ley? 2 *Juan 1 : 7-10 " Mirad por vosotros mismos, no perder el fruto de vuestro trabajo, sino recibir una recompensa completa.* "

¿Podemos ignorar esta advertencia y cooperar con aquellos que practican esta doctrina mentirosa del " *666* "? Porque la Biblia advierte: *" El que va más allá y no permanece en la doctrina de Cristo, no tiene a Dios; el que permanece en esta doctrina tiene al Padre y al Hijo. Si alguien viene a ti y no trae esta doctrina, no lo recibas en tu casa, y no le digas: ¡Hola!* " Del versículo bíblico anterior, incluso un simple saludo en el sentido de bendición no debe ser a favor de aquellos que practican la mentira del " *666* " en el frente. ¿Cómo llama la Biblia a esta enseñanza dada por Juan a los discípulos? 2 *Juan 1 : 4 " Me alegró mucho encontrar a sus hijos caminando en la verdad, según el mandamiento que hemos recibido del Padre.* " La Biblia llama a esta doctrina verdaderamente prohibida de **'¡mandamiento recibido del Padre! ",** Un estudio de la Biblia en esta serie que se le ofrece, solo tratando el Decálogo, le ordena la obligación de observar los DIEZ MANDAMIENTOS DE MOISÉS, ¡arriesgando su perdición eterna!

RESUMEN:

PREFACIO
CARTA DE ANIMO DEL AUTOR PARA USTED!
TEXTO BÍBLICO INTRODUCTORIO

1. ¿Permitió Dios que su pueblo consultara a los videntes? *ISA 8:19*
2. ¿Cómo piden ser empleados los espíritus malignos? *1 Reyes 22 : 19-23*
3. ¿Son los milagros la prueba formal de que Dios sigue siendo el autor de ellos? *2 Tesalonicenses 2 : 9-12*
4. ¿Qué hicieron los magos de Faraón después de Moisés? *2 Timoteo 3 : 6-9*
5. ¿Qué dice la Biblia sobre el origen de los milagros de quienes los obran en estos últimos tiempos? *1 Timoteo 4 : 1-7*
6. ¿Qué espíritus animaron a los dos magos que fueron maltratados en los actos de los apóstoles? *Hechos 19 : 13-19*

7. ¿En qué persona habla Dios a menudo de su Espíritu en la Biblia? *Génesis 6 : 3*

8. ¿En qué persona se hace referencia a menudo al Espíritu del mal en la Biblia?

En el Antiguo Testamento :

En el Nuevo Testamento :

9. Predicciones precisas, ¿son prueba de un origen divino? Conferir a la bruja de En d'Or en el libro de Daniel 1 Samuel

10. ¿Es el Espíritu de Dios una tercera persona de la Deidad, como afirman aquellos que defienden la doctrina de la Trinidad? *Juan 16 : 13-15*

11. ¿Hemos visto alguna vez a Dios en la Biblia? *Juan 1:18*

12. ¿Hemos visto a Jesucristo en la Biblia? *1 Juan 1 : 3-4*

13. ¿Qué forma tomó el Espíritu de Dios en Elías en el Antiguo Testamento? *1 Reyes 19 : 11-13*

14. ¿Podríamos ver a Dios? *Éxodo 33 : 11*

15. ¿Qué explicaciones da la Biblia a este texto? *Hechos 7:30, 35, 38, 53*

16. ¿Alguien ha visto a Dios en la Biblia? *Juan 6:46*

17. ¿Qué forma tomó el Espíritu de Dios en el Nuevo Testamento?

18. ¿Cómo apareció el Espíritu Santo durante el bautismo de Jesús? *Lucas 3:22*

19. Con los apóstoles en el aposento alto, ¿cómo se presentó el Espíritu Santo a los discípulos y apóstoles? *Hechos 2 : 3*

20. ¿Son Dios y el Espíritu Santo la misma persona? *1 Corintios 2:11*

21. ¿El Espíritu Santo también le pertenece a Jesús? *Juan 16 : 13-15*

22. *Aunque el Espíritu Santo tiene sentimientos, ¿se le puede considerar una persona? Efesios 4 : 30-31*

23. ¿Ha tomado el Espíritu Santo alguna vez iniciativas personales en la Biblia? *Hechos 13 : 2*

24. ¿Hay algún lugar en la Biblia donde el Espíritu Santo recibió adoración en el cielo?

25. ¿Cómo calificar un milagro como auténticamente divino? *Marcos 16 : 20*

26. ¿Tener una visión es una prueba de haber nacido de nuevo? *Hechos 10:22*
27. ¿Es el conocimiento y la enseñanza de la Biblia prueba de un nuevo nacimiento? *Hechos 18 : 24 - 28*
28. ¿Practicar obras de caridad es prueba de un nuevo nacimiento? *Hechos 10 : 3-4*
29. Lo que hace " *nacer de nuevo* " media? *Juan 1 : 1 - 4, 12 - 14*
30. ¿Qué sentimientos animan a los que nacen de nuevo? *Lucas 24:32*
31. ¿Por qué es esencial nacer del Espíritu Santo, también llamado el Nuevo Nacimiento, para entrar en el reino de Dios? *Juan 3 : 6*
32. ¿Habla la Biblia de personas cuyas mentes serían consideradas como propias? Salmo 31: 6
33. ¿Existe un espíritu único para cada don de Dios? *1 Corintios 12 : 3-31*
34. ¿Qué significa para nosotros " Hay un solo Espíritu " y cómo entendemos el término pluralidad que se usa aquí? 1 Corintios 12 : 3-31

35. ¿Qué une a los hijos de Dios? *Efesios 4 : 1-3*

36. ¿Podemos ser hijos de Dios sin tener su Espíritu Santo? Romanos 8 : 9

37. ¿El término " *siete espíritus de Dios* " en la Biblia significa que hay varios?

INTERPRETACIÓN PROFÉTICA DEL SIMBÓLICO DE
VENTAS " Septiembre ", VARIAS VECES UTILIZADAS EN
EL APOCALIPSIS

38. ¿Cómo entender el término pluralidad que se utiliza aquí? 1 Corintios 12 : 3-31

39. ¿Cuál es este don por excelencia del que habla el Apóstol en el texto anterior? 1 Corintios 13 : 1 - 13

CONCLUSIÓN

RESUMEN :

EN LA MISMA COLECCIÓN DE ESTUDIO BÍBLICO:

EN LA MISMA COLECCIÓN DE ESTUDIO BÍBLICO:

1. LA PROFECÍA MÁS LARGA DE LA BIBLIA; TÍTULO I, EL BAUTISMO DE JESUCRISTO, EL ANUNCIO DEL SANTO DE LOS SANTOS.

2. LA PROFECÍA MÁS LARGA DE LA BIBLIA; TÍTULO II, LA PURIFICACIÓN DEL SANTUARIO, SATANÁS ES CAZADO DEL CIELO.

3. EL FIN DEL MUNDO EN LA BIBLIA Y LA SEÑAL DE LA BESTIA, EL " 666 ".

4. LA GRAN SEÑAL DE LA BESTIA, LA (666) REVELADA.

5. ¿CÓMO HAN TOMADO YA LOS HOMBRES LA SEÑAL (666) DE LA BESTIA DEL FRENTE?

6. ¿CÓMO HAN TOMADO YA LOS HOMBRES (666) LA SEÑAL DE LA BESTIA EN LA MANO?

7. LOS DIEZ MANDAMIENTOS DE DIOS Y LA SALVACIÓN EN JESUCRISTO.

8. LOS TIEMPOS, EL PECADO DE JUDAS EN LA IGLESIA CONTEMPORÁNEA APOSTASIADO.

9. ¿CUÁLES SON LOS OTROS SIGNOS DE LA BESTIA?

10. EL FUNCIONAMIENTO DE LA IGLESIA APOSTAL.

11. PARAÍSO Y ESPERANZA CRISTIANA.

12. LA IGLESIA, LOS CRISTIANOS.

13. ¿ QUIÉN ES EL VERDADERO DIOS?

14. ¡ HAY UN DIOS!

15. ¡ HAY UN SEÑOR!

16. ¡ HAY UN ESPÍRITU!

17. ¡ SOLO HAY UNA FE!

18. ¡ HAY UNA ESPERANZA!

19. ¡ HAY UN CUERPO!

20. ¡ SOLO HAY UN BAUTISMO!

21. EL SELLO DE DIOS EN LA REVELACIÓN.

22. EL SELLO DEL DIABLO EN EL APOCALIPSIS.

23. EL DÍA QUE EL VATICANO, LA GRAN PROSTITUTA, LA MADRE DE LOS NECESITADOS SERÁ DESTRUIDA.

24. AQUÍ ESTÁ LA GRAN SEÑAL DEL FIN DE LOS TIEMPOS, Y DEL REGRESO DE JESUCRISTO.

25. EL MOVIMIENTO ISLÁMICO DESCRITO EN EL LIBRO DEL APOCALIPSIS.

26. LA ÚLTIMA IGLESIA, LOS 144.000, EL REGRESO DEL SEÑOR JESUCRISTO Y LA ETERNIDAD.

27. VIGÉSIMO SÉPTIMA ESCRITURA: EL TESTIMONIO. VIDA CRISTIANA Y TESTIMONIOS!

Printed by Books on Demand GmbH, Norderstedt / Germany